FAIS DÉDICACER TON LIVRE
SUR CETTE PAGE !

mortelle ADÈLE

LE JOURNAL DES BIZARRES

Moi !

CE LIVRE APPARTIENT À :

TROP MORTEL !

Toi !

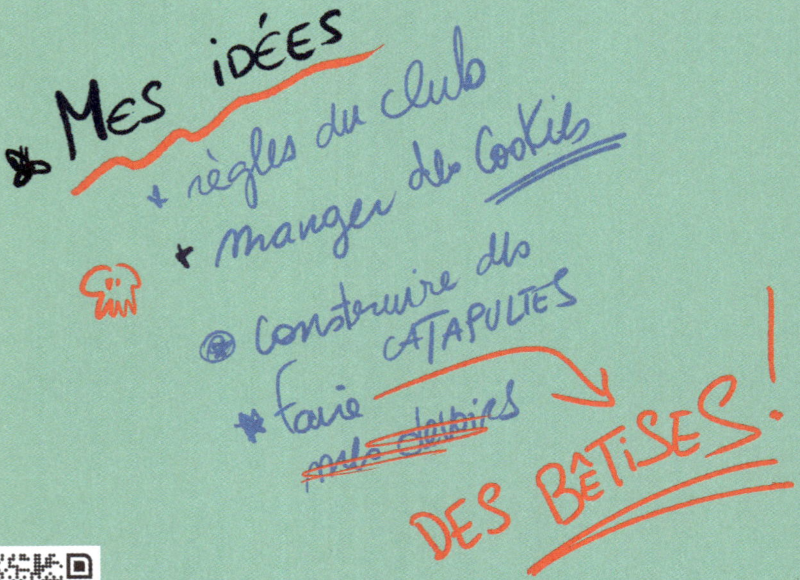

Pour suivre l'actualité de Antoine Dole / Mr Tan :
www.instagram.com/antoinedole
Pour suivre l'actualité de Diane Le Feyer :
www.instagram.com/dianelefeyer

Retrouve Mortelle Adèle sur www.mortelleadele.com

Idée originale et textes : Mr Tan
Dessins : Diane Le Feyer
Couleurs : Christophe Leclercq
Conception graphique : Cerise Heurteur - ceriseh.com

Loi n°49-956 du 16 juillet 1949
sur les publications destinées à la jeunesse
Dépôt légal : avril 2023

ISBN : 978-2-494678-00-2
Imprimé en France par Pollina en mars 2023 - 45896

92 avenue de France, 75013 PARIS

mortelle ADÈLE

LE JOURNAL DES BIZARRES

Textes
Mr Tan

Dessins
Diane Le Feyer

Mr Tan & Co

Salut toi !

Oui toi, là, qui tiens ce livre entre tes mains.
Si tu me lis, c'est que j'ai voulu que tu me rejoignes dans mon Club des Bizarres ! **Attention,** dans mon Club c'est rigolade obligatoire et bêtises autorisées matin, midi et soir.
Mais surtout, ici, on célèbre ce qui nous **rend uniques,** et on fait de notre bizarrerie notre **fierté** ! Alors, si parfois tu te trouves un peu étrange, que les autres parlent de **tes différences** comme d'un défaut, t'inquiète !
Dans le Club des Bizarres, c'est tout l'inverse, on sait que c'est ta force et ce qui te permettra d'accomplir des choses incroyables tout au long de ta vie !

Alors, pose la main sur ce livre

ET RÉCITE APRÈS MOI !

JE SUIS BIZARRE, ET ALORS ?
ÊTRE BIZARRE, ÇA VAUT DE L'OR !
PARCE QUE SI LES AUTRES CHERCHENT
À SE RESSEMBLER
NOUS ON PRÉFÈRE CULTIVER
CE QUI NOUS REND SINGULIERS !
DÉSORMAIS, CE SERA MON SUPER POUVOIR :
MES DIFFÉRENCES DU MATIN JUSQU'AU SOIR.
JE FAIS MAINTENANT PARTIE
DU CLUB DES BIZARRES !

VOUS ALLEZ VOIR,
CE QUE VOUS ALLEZ VOIR !!!

Moi !

RÈGLE N°1 :

C'EST TOI QUI DÉCIDES !

ici, tu vas pouvoir dessiner, écrire, colorier, déchirer, faire tout ce que tu veux ! Tout au long des pages, tu trouveras des consignes pour te guider. Mais tu sais quoi ? Si tu n'aimes pas dessiner, ce n'est pas grave, tu peux écrire ! Et si tu n'aimes pas écrire, alors tu peux dessiner ! Tu n'aimes aucun des deux ? Alors, colle des photos !

C'est ton journal, c'est toi qui décides !

RÈGLE N°2 :

C'EST TON JOURNAL !

ici, personne ne te juge, c'est un endroit où tu peux dire tout ce que tu veux. Si tu veux être tranquille, conserve-le dans un endroit secret pour que personne ne le trouve. Ou fais comme moi, je l'ai confié à Lavernia ma plante carnivore, le premier qui veut me le piquer, elle le dévore !

RÈGLE N°3 :

TON JOURNAL EST UNIQUE !

ici, tu vas créer un objet qui te ressemble ! Si tous les Bizarres reçoivent le même journal, aucun n'a le même au final, car comme tous les Bizarres, chaque journal devient unique au fur et à mesure du temps ! Colorie-le comme tu veux, décore-le comme tu veux, stickers, feutres, peintures, photos,

TOUT EST PERMIS !

L'INTERVIEW *mortelle*

Des questions que seule Adèle pourrait te poser ! Confidences entre Bizarres, bien sûr...

Demain tu deviens président·e de la galaxie, quelle est ta première décision ?

Tu dois choisir un truc que tu ferais disparaître de la planète, c'est quoi ?

On te donne un JOKER pour faire la bêtise que tu veux, sans être puni, tu choisis quoi ?

Quel plat tu rendrais obligatoire TOUS LES JOURS ?

Ce serait quoi la première règle dans ton Club des Bizarres ?

Une idée pour rendre le lundi matin plus cool ?

Moi je dis souvent : "Poussez-vous les moches !", ce serait quoi ton cri de guerre à toi ?

merci mais non merci !!

ZUT DE ZUT DE ZUT DE ZUT !

Écris ici tout ce que tu ZUT !

ça : ....

et ça : ....

et puis ça : ....

ça : ....

et encore ça : ....

GÉNÉRATEUR DE BÊTISES

Tu as remarqué tous ces adultes qui te demandent ce que tu voudrais faire plus tard ? Pas de panique, Mortelle Adèle a inventé pour toi le générateur de bêtises, pour te proposer un métier unique et qui te permettra de faire des étincelles !

PREMIÈRE LETTRE DE TON PRÉNOM

A CONSTRUIRE
B EMBALLER
C SOIGNER
D LAVER
E CUISINER
F INVENTER
G COLLECTIONNER
H MÉLANGER
I FABRIQUER
J ENDORMIR
K DESSINER
L MAQUILLER
M FILMER
N DOMPTER
O PEINDRE
P COMPTER
Q ORGANISER
R IMAGINER
S SURVEILLER
T PROMENER
U COLORIER
V DISTRAIRE
W GOUVERNER
X HABILLER
Y DÉCOUPER
Z ÉCOUTER

PREMIÈRE LETTRE DE TON NOM

A LES PLANÈTES
B LES RÉVOLUTIONS
C LES GRENOUILLES
D LES PARENTS
E LES SCORPIONS
F LES CROTTES
G LES DINOSAURES
H LES MOMIES
I LES MOUCHES
J LES OVNIS
K LES COQUILLETTES
L LES CAUCHEMARS
M LES NAZEBROQUES
N LES BRUITS
O LES FACES DE BEURK
P LES MONSTRES
Q LES ANDOUILLES
R LES BIZARRES
S LES CHAUSSETTES
T LES LIVRES
U LES BONBECS
V LES COOKIES
W LES IDÉES
X LES PINK MALIBU
Y LES BROCOLIS
Z LES NUAGES

SURPRIZZZ !

Elle est super ta piñata !
C'est pas une piñata ! C'est une piñataaaaaah !
Bah, c'est quoi la différence entre une piñata et une...
PIIIÑAATAAAH !!!
Ça me semblait pourtant évident.

Album De mes Bizarres favoris

Dessine ici les gens que tu veux dans ton Club des Bizarres ! N'oublie pas d'écrire en dessous la qualité qui fait grimper leur taux de mortellitude à 100 % !

Ze best!

J'AIME J'AIME PAS

Liste de chansons trop kikoolol
que je ferais écouter en boucle
à mon pire ennemi :

Ma playlist idéale, c'est :

CHANTEUSE DU DIMANCHE

CONTRÔLE
- Mathématique
- Geographie

Adèle
HELP.
A+J
Amies pour la Vie
I ADÈLE

DÉTECTEUR DE MORTELLITUDE

Quel est ton taux de mortellitude aujourd'hui ? Pour le savoir, c'est facile ! Il te suffit de choisir chaque jour 5 symboles parmi les 16 formes ci-dessous, et de faire le calcul ! Ton taux est négatif, pas de souci, ça arrive des fois ! Ton taux est super positif ? MORTEL ! Profites-en pour accomplir de grandes choses aujourd'hui !

C'EST PAS VERSAILLES ICI !

LE CIMETIÈRE DES SOUCIS

Enterre un souci qui te tracasse dans chacune de ces tombes, il te suffit d'écrire dessus de quoi il s'agit, et de lui dire au revoir sept soirs de suite pour qu'il repose en paix !

TOI JE TE ZUT !

Tu vois cette cible ? Dessine dessus le visage de la personne qui t'embête le plus, ou écris simplement son prénom. Tu n'as plus qu'à planter tes fléchettes en plein dans le mille pour te défouler !

VERS L'INFINI

JOURNÉE PARFAITE D'ANNIVERSAIRE

MATIN

LES PERSONNES À INVITER

MIDI

APRÈM

15 h 00 : Relire mon tome préféré de Mortelle Adèle

SOIR

pour Moi

L'INTERV AIAX

Qui de mieux placé que le plus mignon des petits chats pour réveiller l'animal qui est en toi ?

Si tu étais un animal, comme moi, lequel serais-tu ?

Tu préférerais vivre dans un terrier, une grotte ou dans un nid sur une branche ?

Tu es un dauphin et tu dois inventer une nouvelle nage, comment tu l'appellerais ?

Tu as le choix entre manger des croquettes ou manger des souris, tu choisis quoi ?

Nous les chats, on fait notre propre toilette, tu es assez souple pour léchouiller ton coude ?

Moi, je miaule, mais toi, si tu étais un animal qui n'existe pas, comment s'appellerait ton cri ?

Tu veux vivre en meute ou comme un loup solitaire ?

LES FACES DE BEURK

N'ONT QU'À BIEN SE TENIR !

Je parle de toi :

→ toi :

et toi :

et puis toi :

toi :

et aussi toi :

MA WISHLIST CHOUBIDOULOVE

Tu es d'humeur romantique ? Tu veux des cadeaux qui dégoulinent d'amour et de guimauve ? Saint-Valentin en approche, ou juste pour le plaisir de mettre des cœurs dans tes yeux, compose ta wishlist choubidoulove !

Si tu me donnes ça, je te donne mon cœur (enfin, tu peux rêver...) !

CRAC

OFFRE-MOI ÇA OU JE TE CATAPULTE !

HOP

PLUTÔT MANGER DES PAILLETTES QUE D'AVOIR ÇA DANS MA CHAMBRE !

VERS LE SUCCÈS

À toi de dessiner avec moi !

Écris ce que tu veux !

APPRENDS à dessiner mortelle ADÈLE

Moi !

On ne voit pas ses dents...
Sauf quand elle sourit !

les chaussettes et les chaussures sont dans le volume de la jambe.

Il faut toujours un pli au milieu
3 plis sur la jupe
...
et 4 quand elle court !

À TOI !

J'aime pas quand mes parents me demandent de :

Alors, pour me venger, je vais leur demander de :

J'AIME J'AIME PAS

DRÔLES DE VOIX

DÉFI DES BIZARRES

Tu veux vérifier le taux de mortellitude de ta bande de Bizarres ? Alors, relevez ces défis en moins d'une journée !

DÉPART

1 Réussir à tenir tous ensemble les uns sur les autres avec seulement deux pieds qui touchent le sol !

2 Chacun doit réussir à échanger ses vêtements avec le Bizarre à sa droite en moins d'une minute !

3 Écrivez votre hymne des Bizarres en utilisant dedans les mots " patastrophique ! ", " formidabuleux ", " grandifiant ! " et tous vos prénoms !

4 Réussissez à faire marcher un adulte à reculons sans le lui demander !

5

Pendant une heure, vous ne pouvez parler qu'en faisant des bruits d'animaux !

6

Attention, le sol s'est transformé en magma brûlant, vous ne pouvez plus toucher le sol avec vos pieds avant d'avoir récité l'alphabet cinq fois !

7

Oops… Maintenant le sol est gelé, tout le monde doit rester immobile jusqu'à ce que vous ayez récité l'alphabet cinq fois, mais à l'envers cette fois !

8

Tout le monde ici présent doit dédicacer ce journal des Bizarres en disant à son propriétaire sa qualité la plus mortelle !

- DÉFI 1
- DÉFI 2
- DÉFI 3
- DÉFI 4
- DÉFI 5
- DÉFI 6
- DÉFI 7
- DÉFI 8

MATIN

MIDI

APRÈM

JOURNÉE PARFAITE DE VACANCES

SOIR

LES PERSONNES À INVITER

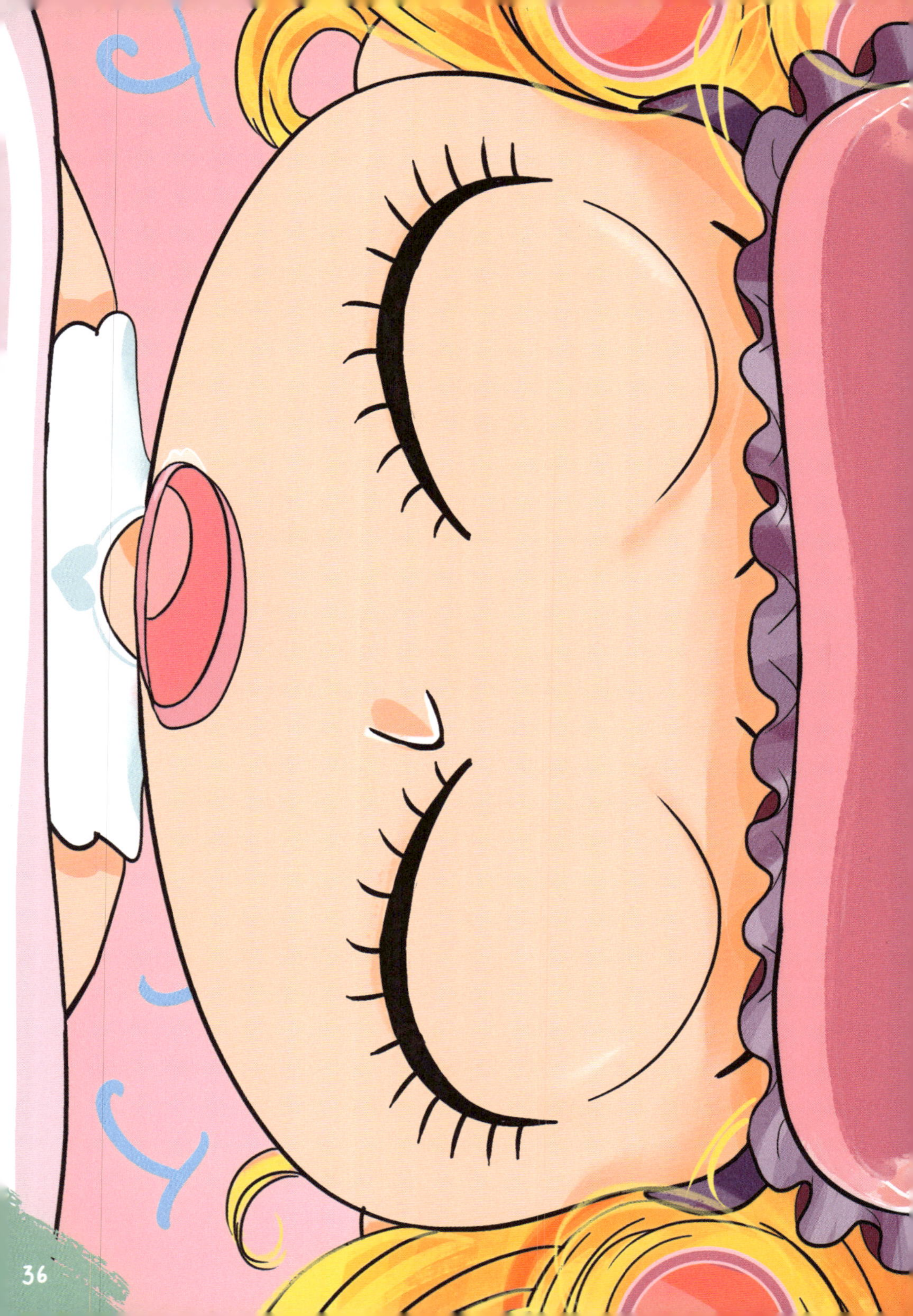

L'INTERVIEW FLASH

Simple et efficace, tu sais faire ? Réponds en un seul mot, pas un de plus, à chacune de ces questions !

En **un mot**, c'**est** quoi ta **plus** grande **qualité** ?

En **un mot**, c'est quoi ton **plus** grand **défaut** ?

En **un mot**, comment tu **définirais** ton caractère ?

En **un mot**, comment tu te **décrirais physiquement** ?

En **un mot**, à **quoi** tu **penses** le **plus** souvent ?

En **un mot**, comment **tu vois** ton **avenir** ?

En **un mot**, **qu'est-ce qui est** le **plus important pour toi** ?

En **un mot**, **qui** te donne **toujours** le **sourire** ?

Maquillage EXPRESS

Tu sais ce qui est pire qu'une verrue sur le nez ? Un millier de verrues partout… Viens, on profite que Jade s'est endormie pour lui en dessiner, au boulot !

POUSSEZ-VOUS LES MOCHES, *je suis* V.I.B. !

Parce que je suis :

je suis...

FLASH! et je suis aussi...

Produit d'occasion

J'AIME J'AIME PAS

À l'école,
ce que j'aime pas c'est :

Bon par contre,
j'aime bien :

EXPÉRIENCE INTERDITE
SLIME

Si comme moi tu as parfois de la peine pour Jade et ses copines qui n'ont pas de cerveau, tu peux essayer de leur en fabriquer un ! Ce que j'ai trouvé qui s'en rapproche le plus, c'est le slime ! Pas d'inquiétude, j'ai trouvé une recette très simple quand j'ai voulu fabriquer un cerveau pour Owen, mon zombie.

TON MATÉRIEL

- O DE LA FÉCULE DE MAÏS
- O DU COLORANT NATUREL
- O UN BOL
- O DU LIQUIDE VAISSELLE

INSTRUCTIONS

1. Prends un bol, et mets-y une bonne dose de liquide vaisselle ! Je te conseille de bien choisir le parfum, hein, parce que ça risque de sentir vite le moisi sinon…

2. Une fois que tu as dosé ton liquide vaisselle dans le bol, tu rajoutes environ le double de volume de fécule de maïs. Essaie de la rajouter doucement, et mets-en suffisamment sinon ton slime risque d'être trop liquide, ce sera impossible de le faire tenir dans une boîte crânienne sans qu'il dégouline par les narines…

3. Une fois que tu as tout mis, il va falloir malaxer et malaxer encore jusqu'à ce que ton slime soit bien homogène ! Tu peux ajouter du colorant alimentaire pour lui faire prendre de belles couleurs… Inutile de te rappeler que Jade préfère le rose, alors comme elle a le QI d'un légume, tu peux toujours mettre de la poudre de betterave !

C'EST PRÊT !!

À réaliser avec l'aide d'un adulte.

APPRENDS à dessiner MAGNUS

C'est un fantôme, il a des cernes !

Magnus change de costume selon les situations !
Savant fou
Galopie
Contes défaits

À TOI !

BEUUUH

Album
Des zombies pourris

Dessine ici le portrait des gens que tu n'aimes pas pour que tout le monde sache qu'ils sont nazebroques ! Personne ne t'en voudra si tu fais sortir un cafard de leur narine !

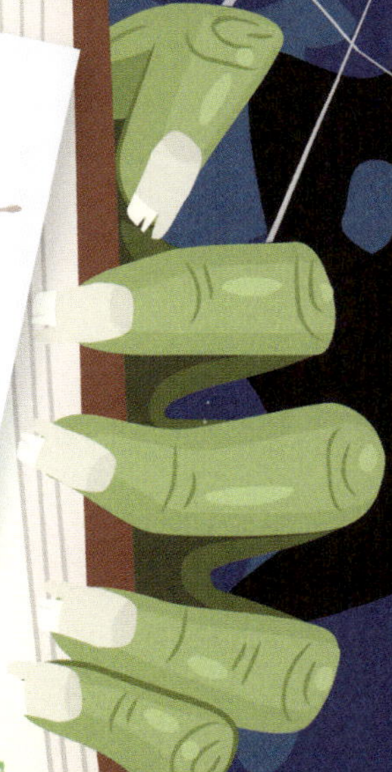

JOURNÉE PARFAITE AVEC MOI-MÊME

MATIN

Miam

LES PERSONNES À ÉVITER ABSOLUMENT

MIDI

Wow

APRÈM

BOUM

17 h 30 : Catapulter une andouille

WAAAA

SOIR

Dodo !

LE BRUIT

MORT
VIB

VIB
Fizz Pop

L'INTERVIEW Jennyfer

Adèle + Jenny 4 Ever

Connais-tu Mortelle Adèle aussi bien que Jennyfer ?
C'est bien simple, elle est imbattable, et toi ?!

Sais-tu quel jour est née Mortelle Adèle ? BFF!

Comment s'appelle la plante carnivore de Mortelle Adèle ?

Quel est le nom de la cousine de Mortelle Adèle qui vit au Canada ?

Comment s'appelle le vaisseau spatial de Mortelle Adèle dans la Galaxie des Bizarres ?

Qui écrit et qui dessine les aventures de Mortelle Adèle ?

Complète la punchline préférée de Mortelle Adèle : Poussez-vous... !

Qu'est-ce qu'Adèle préfère manger plus que tout le reste ?

Vite, dépêche-toi de relire tes tomes
pour voir si tu as les bonnes réponses !

AJ

... OU PAS !

Oh, et je t'ai pas raconté la fois où j'ai vu un nuage en forme de toi !
On s'ennuie dans ta chambre, ça te dirait d'aller quelque part ?
Mais oui carrément !
On pourrait aller à la fête foraine, ou faire les magasins, ou...
VLAM
Ah.

MA WISHLIST D'ANNIVERSAIRE

CADEAUX !

Ton anniversaire approche ? Si tu veux qu'on t'offre autre chose qu'un dictionnaire, il va falloir la jouer fine ! Compose dès maintenant ta wishlist d'anniversaire !

Ces cadeaux-là, si je les ai pas, ça va barder !!!

Les trucs que je ne veux surtout pas sinon je change de parents !

NON.

WOW !

TROP CHER, MAIS ON PEUT TOUJOURS RÊVER !

Parce que je suis :

je suis...

et je suis aussi...

POUSSEZ-VOUS LES MOCHES, je suis V.I.B. !

J'AIME J'AIME PAS

Devoirs

J'aime pas quand on m'oblige à :

Moi, ce que je préfère faire c'est :

Magica BIZZARUM

Tu peux accomplir l'impossible et l'extraordinaire si tu le veux très fort ! Alors, crée ton propre sortilège, et garde-le précieusement à l'abri des regards dans la cachette de ton choix jusqu'à ce qu'il se réalise ! Attention, il faut que toutes les phrases riment !

LE DÉFI MIRO de THOMAS

Reproduis en miroir, sur la page de droite, ce qui est dessiné sur la page de gauche, attention tout doit être inversé !

LE DÉFI MIRO de THOMAS

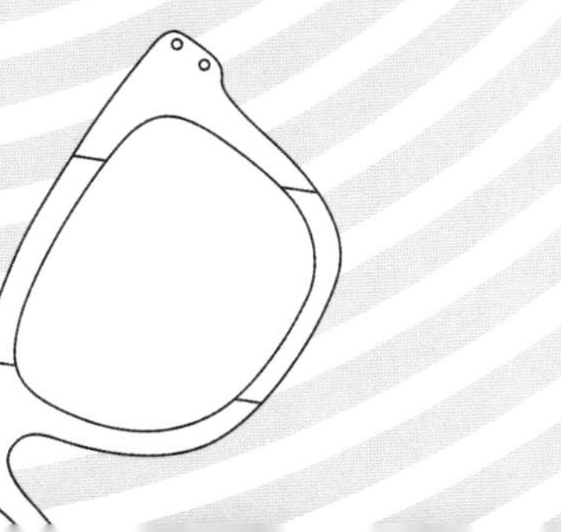

LES FACES DE BEURK

N'ONT QU'À BIEN SE TENIR !

Je parle de toi :

toi :

et toi :

et puis toi :

toi :

et aussi toi :

Décore cette pancarte que tu pourras coller sur ta porte pour interdire à quiconque d'entrer sans ton autorisation.

ZONE ACCESSIBLE
SI VOUS RESPECTEZ CES RÈGLES :
RÈGLE N°1 :
RÈGLE N°2 :
RÈGLE N°3 :

CATASTROPHE IMMINENTE !
Non
Ça ne va pas ?
Pfff... La wifi est en panne...
C'est si grave que ça ?
Bah carrément...
Je vais être obligée de parler avec papa et maman...
Ils habitent toujours là, eux ?!
LoL.

JOURNÉE PARFAITE AVEC

MATIN

10 h 00 : Écrire une lettre
à Mr Tan et Diane Le Feyer !

MIDI

APRÈM

Génial !!

SOIR

NE PAS OUBLIER !!

ZZZZ

DÉCOLLAGE IMMÉDIAT

Les nazebroques, c'est comme les soucis, il suffit de les installer dans une catapulte pour les envoyer voler ! Utilise cette catapulte pour y déposer ce qui te tracasse, le nom d'une personne, un problème du quotidien, et ZOU envoie le valser loin de tes pensées !

L'INTERVIEW BFF Jade et Miranda

de moi

Jade

Des questions qui sentent la grenadine et qui t'éblouissent de mille paillettes au point de te brûler la rétine, c'est forcément un coup de Jade et Miranda !

Miranda

ouiii

Si tu pouvais avoir une licorne, quels seraient ses pouvoirs magiques ? La mienne transformerait tout en rose !!!

Peux-tu me citer une couleur qui commence par R et qui finit par OSE ?

Si tu devais choisir entre le rose et le rose, quelle serait ta couleur de paillettes préférée ?

Moi

moi

T'es plutôt rose pastel, rose bonbon, rose fuchsia ou rose fluo ?

Sais-tu quelle couleur on obtient en mélangeant du rouge et du blanc ?

Peux-tu me citer le nom d'une fleur qui est aussi le nom d'une couleur ?

Un nom de couleur en 4 lettres, une idée ?

Jade

BOUILLIE DE BEURK

Enferme à l'intérieur de ce mixeur imaginaire un dessin de la personne ou de la chose qui t'énerve le plus et appuie sur le bouton marche quand personne ne regarde !

· AU MENU DU CHEF ·

Liste des personnes que je catapulterais dans un trou noir :

VIB

Liste des personnes que j'invite dans mon Club des Bizarres :

J'AIME J'AIME PAS

BYE LES NAZES

Découpe cette feuille, et écris le nom de quelqu'un que tu n'aimes pas avant de la plier selon les traits. Tu as fait ton avion ? Parfait, lance-le par la fenêtre pour l'envoyer balader !

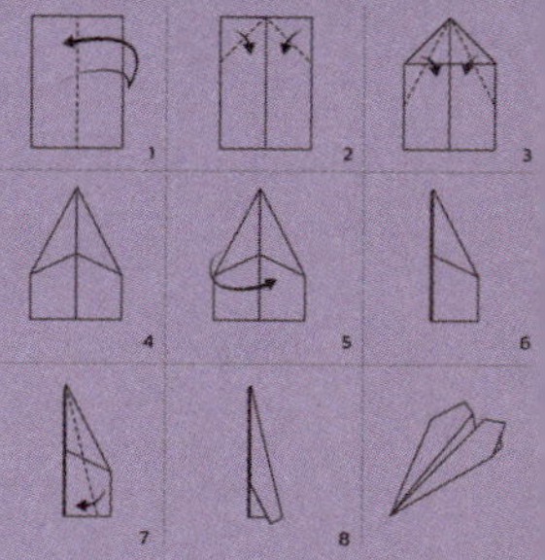

Écris ici tout ce que tu ZUT !

exemple = les DEVOIRS

ça : ....

et ça : ....

et puis ça : ....

ça : ....

et encore ça : ....

ZUT DE ZUT DE ZUT DE ZUT !

MUSÉE de MOOOI !

Dessine-toi à tous les âges, c'est un musée à ta gloire ! Tu n'aimes pas dessiner ? Pas de problème, écris à quoi tu pourrais ressembler !

MOI À 1 AN

Ze best !

Moi à 3 ans

Moi à 6 ans

Moi à 10 ans

ARTISTE

Moi à 15 ans
Moi à 20 ans
Cool
mes potes !
FACTURES
Moi à 40 ans
Moi à 80 ans
OMG !
TRAVAIL
MOI À 120 ANS

LE DÉFI DE MAGNUS

COLORIAGE INVERSÉ !

Magnus a un défi coloriage pour toi ! Hop, si tu es droitier utilise ta main gauche, si tu es gaucher utilise ta main droite !

ROUTINE SPORTIVE

Apprends à dessiner Jade

Jade a toujours les paupières un peu baissées

Ses cheveux descendent en pointe

À Toi!

MATIN

LES PERSONNES À ÉVITER ABSOLUMENT

MIDI

JOURNÉE PARFAITE À L'ÉCOLE

faut pas trop rêver non plus !

APRÈM

16 h 30 : Pause bêtises !

Et goûter !

SOIR

Relax !

Pas du tout... Un peu... Beaucoup... À la folie !!

Tu le sais, Geoffroy est un amoureux professionnel ! Son truc, c'est d'être complètement choubidoulove de cette chère Adèle ! Et toi, qu'est-ce qui te rend tout flagadaboumboum ?

Devenir le cobaye de Mortelle Adèle pour tester sa nouvelle catapulte !

PAS DU TOUT · UN PEU · BEAUCOUP · À LA FOLIE !

Décrocher le téléphone et écouter Jade te raconter sa vie !

PAS DU TOUT · UN PEU · BEAUCOUP · À LA FOLIE !

Lire en avant-première le tout nouveau tome de Mortelle Adèle !

PAS DU TOUT · UN PEU · BEAUCOUP · À LA FOLIE !

Te réveiller tard le matin parce que tu as oublié de mettre ton réveil !

PAS DU TOUT · UN PEU · BEAUCOUP · À LA FOLIE !

Apprendre que ton prof ne fera pas cours aujourd'hui parce qu'il est absent !

PAS DU TOUT · UN PEU · BEAUCOUP · À LA FOLIE !

Découvrir qu'il y a de la purée de chou-fleur au menu ce midi !

PAS DU TOUT · UN PEU · BEAUCOUP · À LA FOLIE !

Recevoir une lettre d'amour de ton pire ennemi !

PAS DU TOUT · UN PEU · BEAUCOUP · À LA FOLIE !

Trouver Ajax sur ton paillasson parce qu'il vient s'installer chez toi !

PAS DU TOUT · UN PEU · BEAUCOUP · À LA FOLIE !

DÉCODEUR EN PANNE
Oh Adèle, veux-tu m'épouser ?
D'accord !
Sérieux ? Tu veux bien ?
Ah non, attends, j'avais compris « m'épuiser ».
Du coup, tu veux m'épouser ?
D'accord !
Vraiment ??
Ah non, attends, j'avais compris « m'exploser » !
Encore raté !

Jeux

FÉLICITATIONS !

Pas de panique, il y en aura pour tout le monde ! Écris le prénom de la personne autour de toi qui correspond le mieux à chaque prix de ta cérémonie spéciale !

PRIX DE LA PERSONNE LA PLUS MORTELLE

PRIX DE LA PERSONNE À QUI IL NE FAUT SURTOUT PAS CONFIER UN SECRET

PRIX DE LA PERSONNE AVEC QUI JE M'AMUSE LE PLUS

PRIX DE LA PERSONNE QUI A LE PLUS DE BONNES IDÉES

PRIX DE LA PERSONNE LA PLUS CASSE-PIEDS

PRIX DE LA PERSONNE QUI SENT LE PLUS MAUVAIS

J'AIME J'AIME PAS

Liste des personnes à qui j'offrirais bien un bocal de piranhas ou un gâteau au piment à leur prochain anniversaire !

Liste des personnes que j'inviterais bien à mon anniversaire :

Je parle de toi :

toi :

et toi :

et puis toi :

toi :

et aussi toi :

LES FACES DE BEURK

N'ONT QU'À BIEN SE TENIR !

UN BON DÉBUT

À toi de dessiner avec moi !

Écris ce que tu veux !

L'INTERVIEW V.I.B.

Ta part de bizarrerie ne fera bientôt plus aucun doute, es-tu le plus bizarre de tous les Bizarres ?

Quel est le plat le plus bizarre que tu as déjà mangé ?

Quel est le mot le plus bizarre que tu connais ?

Quel est l'endroit le plus bizarre où tu as été ?

Quelle est la bêtise la plus bizarre que tu as faite ?

Quel est le surnom le plus bizarre qu'on t'a donné ?

Quel est le truc le plus bizarre que tu sais faire ?

Qui est la personne la plus bizarre que tu connais ?

CONFETTISE UNE ANDOUILLE

**Fais taire les andouilles et confettise-les !
Pour cela, il te faut réussir à déchirer cette feuille
avec le plus grand nombre possible de petits bouts !**

MA WISHLIST de Noël !

Une année de bêtises est déjà passée et il n'est pas certain que les lutins du père Noël aient autre chose en stock pour toi qu'un pull qui gratte ! Vite, donne-leur quelques idées en composant ta wishlist de Noël idéale !

OH ! HO !

Je sais que j'ai pas été assez sage pour ça, mais je tente quand même !

Cadeaux que les petits lutins ont pas intérêt à oublier !

Cadeaux que je refilerais à manger au chien des voisins !

ROSE ROSE & ROSE

Pour embêter Jade, prolonge ce trait noir
pour recouvrir le plus possible la surface de la feuille,
on ne doit plus voir de rose !

WALKING DINDES

DÉFI RÉCRÉ

Tu en as marre des mathématiques ou des cours de français ? Tu vas pouvoir réviser ta mortellitude grâce à ces exercices ! Attention, pour réussir le test, tu as le temps de la récréation pour relever tous les défis !

- DÉFI 1
- DÉFI 2
- DÉFI 3
- DÉFI 4
- DÉFI 5
- DÉFI 6
- DÉFI 7
- JOKER

LE BLEU
DÉFI 4
Fais un compliment à trois personnes, mais en disant l'inverse de ce que tu penses !
+8
3
DÉFI 5
Demande à un.e camarade de te donner la définition du mot « Proutasticoulant » !
+8
3
DÉFI 6
Trouve deux élèves avec un vêtement rouge et demande-leur comment va Maurice !
Un défi te pose problème ? Utilise ton joker : tu dois réaliser un des autres défis à cloche-pied !
+7
4
DÉFI 7
Attention, si une personne qui porte du orange te parle, tu ne peux répondre qu'en rigolant !

MATIN

10 h 00 : Penser à recruter un nouvel ami imaginaire !

MIDI

JOURNÉE PARFAITE QUAND IL PLEUT

APRÈM

GRR

SOIR

MA TENUE IDÉALE

EXPÉRIENCE INTERDITE
ÉRUPTION VOLCANIQUE

Tu veux prouver au monde que tu as un caractère explosif ? Alors, laisse jaillir le magma de personnalité qui est en toi ! Enfin... C'est parfois plus facile à dire qu'à faire. En attendant d'y parvenir, que dirais-tu de créer une vraie éruption volcanique pour voir comment ça fonctionne ?

TON MATÉRIEL

- UNE PETITE BOUTEILLE D'EAU EN PLASTIQUE
- DU VINAIGRE BLANC
- QUELQUES GOUTTES DE COLORANT ALIMENTAIRE
- DU BICARBONATE DE SODIUM

INSTRUCTIONS

1. Bon, d'abord trouve un endroit que tu ne crains pas de salir. Je suis la reine des bêtises, mais quand même, faudrait pas que tu sois puni pour 150 ans parce que tu as repeint la moquette du salon !

2. Une fois que tu as trouvé où t'installer, pose ta petite bouteille en plastique vide devant toi, et remplis-la avec le bicarbonate de sodium. Il en faut au minimum 50 grammes. Pour ne pas trop galérer, tu peux faire un cône avec une feuille de papier et tout verser tranquillement sans déborder !

3. Ensuite, verse quelques gouttes de colorant alimentaire. Tu peux utiliser la couleur que tu veux, une lave orange comme celle d'un vrai volcan, ou rouge vif, pourquoi pas verte comme si ton volcan était sur une planète lointaine de la galaxie des Bizarres ? Tu doses comme tu veux, garde en tête que plus tu en mets, plus la couleur sera intense !

4. C'est là que ça devient sérieux ! Alors, lance-toi prudemment, car la réaction chimique va être immédiate ! Il faut que tu verses un petit verre de vinaigre blanc dans la bouteille en plastique. Celui-ci va entrer en contact avec le bicarbonate de sodium et...

BOOUUM !!!!!

À réaliser avec l'aide d'un adulte.

IDÉE DE GÉNIE

COOKIECATA !

C'est l'heure du goûter !
Adèle a renversé son plateau de cookies,
aide-la à les ramasser en les entourant
avec ton crayon, mais attention, uniquement
ceux avec 5 pépites de chocolat !
Trouve-les vite !

GÉNÉRATEUR DE BÊTISES

En manque d'inspiration ? Il te faut les conseils d'une spécialiste ! Mortelle Adèle a toujours une bonne idée pour créer des problèmes ! Choisis une entrée dans chaque colonne pour former une phrase et... bonne chance !!!

1

- TU VAS CATAPULTER...
- TU VAS MANGER...
- TU VAS ATTRAPER...
- TU VAS COLORIER...
- TU VAS PEINDRE...
- TU VAS RENIFLER...
- TU VAS BARBOUILLER...
- TU VAS TARTINER...
- TU VAS PLANQUER...
- TU VAS IGNORER...
- TU VAS CRIER SUR...
- TU VAS LANCER...

2

... TES PIEDS...
... LE MUR DE TA CHAMBRE...
... LA BAIGNOIRE...
... TON COUDE...
... TA MAIN...
... TES CHAUSSETTES...
... TON FRONT...
... TON CAHIER...
... TON FRÈRE/TA SŒUR...
... TES PARENTS...
... UN ŒUF...
... LA POUBELLE...

3

... EN CHANTANT !
... EN PÉTANT !
... EN COURANT !
... EN SAUTANT !
... EN RIANT !
... EN TOURNOYANT !
... EN DORMANT !

RACONTE TA **PIRE** BÊTISE !

LES FACES DE BEURK

N'ONT QU'À BIEN SE TENIR !

Je parle de toi :

toi :

et toi :

et puis toi :

toi :

et aussi toi :

HAMSTER COSMIQUE

J'AIME J'AIME PAS

Mes idées incroyables pour torturer mes parents :

HiHi

Mes idées pour les rendre plus MORTELS !

L'INTERVIEW MYTHO

Attention, tu dois répondre à toutes les questions... Mais interdiction de dire la vérité !

- Quelle est la personne que tu aimes le plus au monde ?

- Qu'est-ce que tu penses de l'école ?

- Est-ce que tu as été sage aujourd'hui ?

- Est-ce que tu aimes ranger ta chambre ? HAHA !

- T'as jamais mangé de crotte de nez, hein ?

- Tes parents, t'aimerais les vendre sur internet ?

- Est-ce que tu sens la croquette ?

- Tu rêverais d'avoir Jade comme meilleure amie ?

PRODUIT DE L'ANNÉE

LE DÉFI DE MAGNUS

COLORIAGE MORTEL !

Magnus a un défi coloriage pour toi ! Attention, aucune couleur ne doit être au bon endroit, à toi de jouer !

Envoie cette lettre anonyme à la personne de ton choix !

Boom

Grève du style

BULLES À GOGO !

Au secours, c'est l'heure du bain !
Aide Adèle à montrer qu'elle s'en fiche, en éclatant toutes les bulles de savon une par une !
C'est simple, barre-les le plus vite possible avec la pointe de ton crayon !

MATIN

Miam !

10 h 30 : demander des glaces

pour ce midi !

MIDI

JOURNÉE PARFAITE TOUT CE QUE JE VEUX

APRÈM

BONBECS

ZOU!

SOIR

YAY!

SURTOUT NE PAS OUBLIER DE...

Zut, il n'y a plus de pépites de chocolat, à toi de décorer ce cookie avec ce qui te passe par la tête !

GÉOMÉTRIE CULINAIRE

Apprends à dessiner Geoffroy

il a de gros sourcils
Son nez est pointu

Jean
rabat
semelle
chaussure

GÉNÉRATEUR D'EXCUSES NAZEBROQUES

Oops... Quelqu'un crie ton nom dans la maison ? Pas de panique, tu auras réponse à tout grâce à ce générateur d'excuses nazebroques ! Il te suffit de prendre une entrée dans chaque colonne pour former une phrase et tu auras une bonne excuse !

1

JE N'AI PAS FAIT MES DEVOIRS...
JE N'AI PAS RANGÉ MA CHAMBRE...
JE N'AI PAS SORTI LES POUBELLES...
JE NE ME SUIS PAS BROSSÉ LES DENTS...
JE N'AI PAS APPRIS MA LEÇON...
JE N'AI PAS FINI MON ASSIETTE...
JE N'AI PAS DÉBARRASSÉ LA TABLE...
JE N'AI PAS PRIS MA DOUCHE...
JE NE ME SUIS PAS RÉVEILLÉ CE MATIN...
JE N'AI PAS NETTOYÉ MON BAZAR...

2

... PARCE QU'UN EXTRATERRESTRE...
... PARCE QU'UNE PLANTE CARNIVORE...
... PARCE QUE LE VOISIN...
... PARCE QU'UN PETIT LUTIN...
... PARCE QU'UN ZOMBIE...
... PARCE QU'UN FANTÔME...
... PARCE QU'UN CLOWN...
... PARCE QU'UNE ANDOUILLE...
... PARCE QUE LA PETITE SOURIS...
... PARCE QUE MORTELLE ADÈLE...

3

... A PIQUÉ MES CHAUSSETTES
... M'A FAIT UN CROCHE-PIED
... M'A ATTACHÉ À MON LIT
... M'A OBLIGÉ À JOUER À LA CONSOLE
... M'A LIGOTÉ DEVANT LA TÉLÉ
... M'A DEMANDÉ DE FAIRE UN SPECTACLE
... M'A ENFERMÉ DEHORS
... M'A COLLÉ AU PLAFOND
... M'A ENFERMÉ DANS LE PLACARD
... M'A ASSOMMÉ AVEC UNE POÊLE

ViB
10
8
7
ViB

PINK

J'AIME
J'AIME PAS

Moi !

ici, c'est moi qui décide,
et voici les règles :

Tout ce qui est interdit
dans ma chambre :

LE DÉFI DE MAGNUS

COLORIAGE MYSTÈRE!

Magnus a un défi coloriage pour toi ! Arriveras-tu à tout colorier les yeux fermés ?

LE DÉFI MIRO de THOMAS

Reproduis en miroir, sur la page de droite, ce qui est dessiné sur la page de gauche, attention tout doit être inversé.

LE DÉFI MIRO
de
THOMAS

Écris ici tout ce que tu ZUT !

ça : ....

et ça : ....

et puis ça : ....

ça : ....

et encore ça : ....

ZUT DE ZUT DE ZUT DE ZUT !

PAPA CLOWN

Oh, je souhaitais vous parler !
Ah ? Rien de grave avec Adèle, j'espère ?
Non ! Non ! Je voulais savoir si vous accepteriez de faire un spectacle pour nos élèves !
Un spectacle ? Comment ça ?
Adèle nous a expliqué que vous êtes humoriste !
Il doit y avoir une erreur, je ne suis pas du tout humoriste...
Attends, tout ce que tu me dis sans arrêt, c'est pas pour rire ?
Vu comme ça, ça fait plutôt peur !

Il y a des choses qu'on ne devrait surtout pas dire...
Pas de chance, tu vas devoir révéler tous tes secrets !

Avoue, c'est quoi la pire bêtise que tu aies faite ?

Avoue, ça t'arrive de mentir sur quoi ?

Avoue, la chanson que tu écoutes en boucle, mais que t'assumes pas devant les gens ?

Avoue, tu te brosses les dents trois fois par jour ?

Avoue, le truc que tu pourrais manger en douce tous les jours ?

Avoue, c'était quand la dernière fois que t'as fait un prout atomique ?

Avoue, t'as déjà pensé à catapulter qui ?

Avoue, t'as déjà triché à un contrôle ?

Je le savais ! Haha

MA WISHLIST DE MORTELLITUDE !

Y a pas que des choses qui s'achètent dans la vie, y a aussi les cadeaux mortels que la vie peut te faire, gratuitement ! Alors, pour faire le plein de bonnes sensations, et cultiver ta mortellitude, compose dès maintenant ta wishlist de mortellitude ! Celle qui te rend vraiment funky moumoute !

Les petites sensations qui agitent mes poils de nez ! HAHA

POW !

J'arrête tout ce qui m'ennuie, juste pour pouvoir faire ça :

Je propose de bannir totalement du quotidien ces trucs qui servent à rien :

DÉFI VACANCES

Même au bout du monde il faut penser à mettre quelques bêtises dans ses bagages ! Pour ne pas perdre la main même en vacances, voici quelques défis à réaliser pendant tes longues heures de détente !

1

Glisse-toi dans la chambre de tes parents et programme le réveil à 5 h du matin !

2

Prépare le dessert en utilisant au moins un ingrédient salé dans ta recette !

3

Remplis un verre d'eau et essaie de convaincre tes parents que tu as attrapé un poisson tellement minuscule qu'ils ne peuvent pas le voir !

4

Recrute deux Bizarres que tu ne connais pas, dans ton Club des Bizarres !

5

Réussis à convaincre une personne de ta famille qu'il a mal lu le calendrier et que les vacances se terminent demain !

6

Glisse dans chaque valise un objet qui ne devrait pas s'y trouver !

7

Trouve la carte postale la plus moche à envoyer à un ami !

8

Attention, tu ne peux parler qu'en criant pendant les dix prochaines minutes !

FIN

- DÉFI 1
- DÉFI 2
- DÉFI 3
- DÉFI 4
- DÉFI 5
- DÉFI 6
- DÉFI 7
- DÉFI 8

VIB
COOL
VIB
TROP mortel !
Moi

Album

Des personnes qui m'inspirent

Dessine ici les gens qui sont une source d'inspiration pour toi ! Du passé, du présent ou du futur, qu'ils soient connus ou inconnus, ces gens-là sont vraiment MORTELS !

EXPÉRIENCE INTERDITE
COOKIE GÉANT

L'heure du goûter approche, et t'as envie d'un cookie ?
Mais attention, pas n'importe lequel, MON cookie géant !
Alors, installe-toi et suis ma recette top secrète !
Le seul qui la connaît, c'est Magnus, il en mange sans arrêt !

TES INGRÉDIENTS

- 180 G DE FARINE
- 1 CUILLERÉE À CAFÉ DE LEVURE CHIMIQUE
- 180 G DE SUCRE ROUX
- 120 G DE BEURRE MOU
- 1 ŒUF
- 150 G DE PÉPITES DE CHOCOLAT OU CHOCOLAT CONCASSÉ
- 1 DEMI-CUILLERÉE À CAFÉ DE VANILLE EN POUDRE

1. Demande à un adulte de préchauffer le four à 180 °C, ça évitera que quelqu'un pousse des cris en te voyant t'en approcher. Une fois que c'est fait, tu peux commencer à mélanger le beurre et le sucre dans un grand saladier. Attention, il faut que tu mélanges suffisamment pour arriver à une pâte bien lisse.

2. Ensuite, tu peux rajouter l'œuf, la farine et la levure. Normalement, ça devrait commencer à vraiment ressembler à quelque chose...

3. Ma partie préférée, c'est maintenant : ajoute plein de pépites de chocolat et mélange l'air de rien, histoire qu'elles se répartissent un peu en vrac (avec un peu de chance, tu tomberas sur la part où il y en a le plus !).

4. Ensuite, tu prends un plat à tarte de 20 cm de diamètre minimum ! Et tu remplis tout le fond avec ta préparation ! Prends soin de le beurrer un peu avant, pour éviter que ça n'accroche trop !
Tu laisses cuire 25 min à 180 °C, et dès que ça semble cuit, tu laisses refroidir avant de le démouler.

Bon, si c'est trop cuit, tu peux jouer au frisbee avec !
Et si c'est bon, n'hésite pas à m'appeler, on partagera !

MIAM !!

À réaliser avec l'aide d'un adulte.

L'équilibre parfait

GALAXIE TRÈS BIZARRE

C'est officiel, Mortelle Adèle gouverne la galaxie ! Utilise cette carte de l'espace pour y placer les planètes sur lesquelles elle va régner et décide qui autour de toi habitera sur quelle planète !

0/20
Planète des devoirs
planète de ceux qui parlent trop
blablablabla
planète des gens adorés
COOL !!
PROUT
planète de ceux qui pètent tout le temps
RTEL !
Fizz de l'ESPACE

mortelle

ADÈLE

COLLECTOR

CE TOME, C'EST LE TIEN !

Quelle aventure vas-tu faire vivre à ton héroïne préférée ?
Tu peux choisir le titre et l'illustration de couverture !
Édition COLLECTOR assurée !

Mr Tan & Co

MESURE D'ÉLOIGNEMENT

POUSSEZ-VOUS LES MOCHES, *je suis* V.I.B. !

STAR !

Parce que je suis :

je suis...

et je suis aussi...

GEOFFROY

GÉNÉRATEUR ANTI-BROCOLIS

Tu vas pouvoir tester la nouvelle invention d'Adèle ! Hop, grâce à son générateur anti-brocolis, découvre le plat qui te correspond le mieux et passe vite ta commande !

LA PREMIÈRE LETTRE DE TON PRÉNOM		LA PREMIÈRE LETTRE DE TON NOM	
A	LES COOKIES	A	AUX ARAIGNÉES
B	LES SPAGHETTIS	B	À LA FRAISE
C	LE GRATIN	C	AU PROUT
D	LE SANDWICH	D	À LA GRIMACE
E	LA TARTE	E	AU KETCHUP
F	LE CAKE	F	AUX CAILLOUX
G	LE FLAN	G	AUX ORTIES
H	LE GÂTEAU	H	AUX MOUCHES
I	LE RIZ	I	AUX CORNICHONS
J	LA SEMOULE	J	AU CAMEMBERT
K	LES CAROTTES	K	À LA VANILLE
L	LA CRÈME	L	AUX CROTTES DE NEZ
M	LA PURÉE	M	À LA POUSSIÈRE
N	LA SALADE	N	AU VER DE TERRE
O	LES PÂTES	O	AUX CHAUSSETTES
P	LE BURGER	P	À LA BOUE
Q	LA PIZZA	Q	À LA MORVE
R	LES CRÊPES	R	AUX BONBONS
S	LA CHOUCROUTE	S	AU CHOCOLAT
T	LA PAELLA	T	AU BEURRE
U	LES LASAGNES	U	AU CRAPAUD
V	LES FRITES	V	À LA SARDINE
W	LA SOUPE	W	À LA BANANE
X	LES SUSHIS	X	AU CARAMEL
Y	LA BRIOCHE	Y	AUX PUNAISES
Z	LA RATATOUILLE	Z	À LA CRAIE

DIRECTION les Bêtises !

Liste des endroits que je rêve d'explorer :

Les endroits où je refuse de mettre les pieds :

Go!

J'AIME J'AIME PAS

Envoie cette lettre anonyme à la personne de ton choix !

Go!

DÉDOUBLEMENT MORTEL

À toi de dessiner avec moi !

Écris ce que tu veux !

L'INTERVIEW DE MINUIT

Minuit, c'est l'heure de tous les mystères et des bruits qui font peur... Brrr, surtout ne tremble pas !

C'est quoi le film le plus effrayant que tu as déjà vu ?

Si tu devais choisir un costume super flippant pour Halloween, tu te déguiserais en qui dans ta propre famille ?

Qu'est-ce qui te fait le plus peur dans la vie ?

Tu préférerais passer une soirée avec un zombie, un vampire ou un loup-garou ?

Si tu étais un monstre célèbre, tu serais lequel ?

Hiiiiiii

Raconte le cauchemar le plus horrifiquement dingue que tu as fait ?

Y'EN AURA *Pour tout le monde !*

Attribue chacun de ces objets à une personne que tu connais en fonction du sort que tu lui réserves !

APPRENDS à dessiner

Ajax

① Dessine un rond

② Ajoute les oreilles et les joues

③ Rajoute les yeux et le museau

④ Ajoute la bouche et les détails

⑤ Dessine le corps

⑥ Fais les jambes

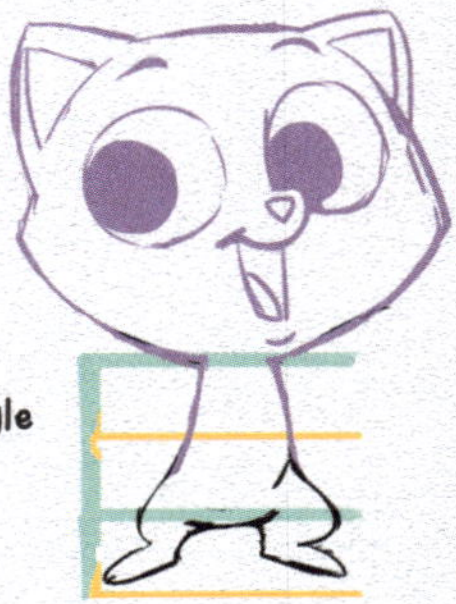

⑦ Ajoute les bras

⑧ Et finis avec les détails !

À TOI !

ZUT DE ZUT DE ZUT DE ZUT !

Écris ici tout
ce que tu ZUT !

ça :

....

et ça :

....

et puis ça :

....

ça :

....

et encore ça :

....

ERREUR DE CASTING

JOURNÉE PARFAITE DANS LA PEAU D'UN ANIMAL

MATIN

MIDI

12 h 00 : Penser à donner des croquettes à Ajax !

MES ANIMAUX PRÉFÉRÉS

APRÈM

SOIR

MA WISHLIST POUR NAZEBROQUES

Tu en as marre des gens qui te demandent toujours ce qui te ferait plaisir ? Toi, ce que tu veux, c'est surtout qu'on te laisse tranquille ! Alors, c'est l'heure de préparer ta wishlist pour nazebroques, des idées farfelues pour refroidir les meilleures intentions !

Les cadeaux tellement fantastiques qu'ils n'existent même pas. Invente des noms pour faire tourner en bourrique tous ceux qui s'y frottent !

Les cadeaux impossibles ! Le temps qu'ils vont passer à les chercher, au moins j'aurai la paix :

Les cadeaux dégoûtants ! Plus ça coule, plus ça sent mauvais, plus vite ça leur fera les pieds !

[…] tu es membre à part entière du Club des Bizarres !
Accroche ce diplôme sur le mur de ta chambre !

DIPLÔME DE BIZARRERIE

Attribué à :

Prénom : ________________ Nom : ________________

Qualité la plus mortelle : ________________

Bêtise préférée : ________________

MORTELLE ADÈLE
Mortelle Adèle
Fondatrice et Présidente du Club des Bizarres

M'TAN Diane Le Feyer
Mr Tan et Diane Le Feyer
Experts en Bizarrerie

VIB
CERTIFICATION OFFICIELLE DU CLUB DES BIZARRES
VIB

Pour en savoir plus sur
cette page déchirée,
direction le roman
VERY IMPORTANT BIZARRES de
mortelle ADÈLE
à paraître en juin 2023 !!